No entraremos en Troya

ÆREA | *carménère*

Arturo Sánchez Mercadé

No entraremos en Troya

ÆREA | *carménère*

Serie fundada por Eleonora Finkelstein y Daniel Calabrese
Edición al cuidado de Paco Najarro

No entreremos en Troya
Primera edición: abril de 2025

© Arturo Sánchez Mercadé, 2025

© Ærea, 2025

Un sello de RIL® editores
SEDE SANTIAGO DE CHILE: Los Leones 2258 • CP 7511055 Providencia
☎ (56) 22 22 38 100 • ril@rileditores.com • www.rileditores.com

SEDE VALPARAÍSO • valparaiso@rileditores.com

SEDE ESPAÑA • europa@rileditores.com

Composición: RIL® editores
Diseño de colección: Marcelo Uribe Lamour
Imagen de portada: *Helena en la puerta Escea*, Gustave Moreau

Impreso en España • *Printed in Spain*

ISBN: 978-84-10248-45-8
Depósito Legal: GI 562-2025

Signo obtuso

no anhelamos Troya, envidiamos sus muros

En alguna parte de algún libro sabiondo, alguno de esos doctos que hacen que del dormido y conocido olvido en el que se sosiegan los clásicos, lo viejo de nuevo se ensueñe, Jean Pierre Vernant, o Zumthor, o alguien, escribe sobre lo que los medievales o antiguos escuchas de los poemas épicos oían. Creo que allá leí que no debían de tener fruición de la intriga, como nosotros en nuestra decimonónica modernidad tenemos. Ya se sabían los cuentos de principio a fin, y les gustaba que se los siguieran contando, no tanto por la telenovelita del cuento sino por la contada. Los personajes, las intrigas, Ulises o Aquiles o Arjuna o Rostam, diosas y monstruos, asedios o andanzas, no eran o no debían de ser para ellos más que unidades en un repertorio, pertrechos en una caja de herramientas en la que se mezclaban dentro de una misma gramática de conjunto con los epítetos convenidos, las metáforas tópicas, los vocativos y la parafernalia. Eran andamios y tuercas que acompañaban los poemas sin agotarlos, que le armaban un correr que destellaba, pero no lo resumían. Sabían sin embargo perfectamente distinguir lo que era épico de lo que no lo era. Quizás por eso Northrop Frye, en su canónica *Anatomía de la Crítica*, no define lo épico por hablar de héroes, sino que dice ser *epos* todo aquello en lo que no se esconden ni quien recibe ni quien da un poema. No el tema, ni la información, sino el vínculo sobre el cual vienen a engarzarse. Aquellos lectores orales no sabían que lo que oían era épico porque había escudos y espadas, sino porque hasta en la mínima sílaba había una fuerza, un brillo. El brillo de la leyenda, que no es denotación ni connotación, sino auge, impulso, imantación chisporroteante en el despliegue de un ámbito tirante. Algo así me parece que cuenta Arturo, la apertura de espacios agrestes, superficies como la llanura ante Troya en las que el cercador se da cuenta de que el cercado es él, de que lo huidizo lo acecha; espacios que imponen el asma a quien los recorre, jadeo a jadeo, gesto a gesto, imagen a imagen, sin lograr cazar ni que le den caza.

(Lista no exhaustiva de esas Troyas que hacen *Troya*, esas cuya lontananza viene a acorralarnos: la poesía, el ser, la serpiente que amenaza en el cuarto de al lado al que nunca se logra llegar, que nunca está cuando uno vuelve, el recuerdo de un rostro que no se vio, la certeza de no haber estado en ninguno de los sitios donde se nos esperaba, la ausencia de la ausencia, el ensamblaje de un rompecabezas de piezas innumerables en un cuarto oscuro, el primer poema de un poeta que nunca lo escribió, la cara borrada de Helena de Troya, el reflejo de algo que no existe, la certeza de que todo pueda estar "sin acabar". Mi preferida: el tiempo, del que no se puede sino "acariciar las afueras").

La Troya de Arturo es épica porque no se resuelve: espejea del brillo de las leyendas, sabe que, a ultranza, son ese brillo, y en cualquier línea por donde se le entre da, más que lirismo o imagen, ese campo recorrido de tensión batallante:

Mi falso imperio es el espacio entre la luciérnaga y la llama, entre la pupila y la pantalla, entre los labios y los labios. Mi falso imperio es el espacio entre la palabra y el silencio. Mi falso imperio es el espacio entre el tiempo. Dicen que en Troya...

Tal vez por eso empiece por el combate irresoluto de un cuadro en el que las líneas "tatuadas" de la forma, del dibujo, son desbordadas por el cuerpo de la mancha de color: ahí, en el exceso entre la silueta y lo que la rebasa, arde un mutuo asedio, una carrera jadeante de cercos y desbordes que cifra lo que el resto del vasto poema hace. Cada vez que se tiene al alcance el sitio donde se debía llegar para saciar la sed, algo viene a relevar a la distancia, negándola y ensanchándola a la vez, dejando lo buscado más allá:

¿He visto el lago secreto? ¿Lo he imaginado? Importa poco, he oído el eco en la montaña y algo ha ofrecido el relevo. No hay eco en la montaña, no, hay voces sucesivas buscando el lago que vive en una tarde perpetua.

Cada vez que se llega cerca de sus murallas, algo – ¿resto o sobra?, ¿falta o exceso?, ¿origen o fin? – hace tropezar; de cada muralla pueden surgir llanuras que la alejen u otras murallas que impidan llegarle. A esto lo llama Arturo *los despojos*:

solo se nos invita para ver despojos

Señalan tanto lo que de alguien se ha robado, como lo poco que de alguien queda tras quitarle todo el resto: el cuerpo de Héctor desfigurado, un cadáver que es a la vez botín y desecho, muralla y llanura que no se puede ni atravesar ni dejar.

En algún rincón del texto dice "signo obtuso". Es este otro nombre del funcionamiento del texto entero: lo que no puede señalar derecho, porque lo señalado huye. Pero también, etimológicamente, si me permiten la pesadez, obtuso es el participio pasado de un verbo olvidado, es lo que ha sido usado para *obtundere*: golpear la punta de la espada para dejarla chata. El gesto hacia *Troya* es obtuso: es el de quien intenta al menos arañar sus muros, pero estos, tan impenetrables que no existen, le arañan y hieren las uñas.

En tiempos en que se confunde la poesía con una suerte de periodismo sentimental, en que se intenta dar con ella testimonio de la última versión de la realidad que nos hemos tragado porque nos convenía, Arturo lanza definiciones e imágenes jadeantes que deliberadamente no *dan*. Sitian al cuarto de al lado y sofocándose no logran llegar-le, lo cual, sobre todo, da un intersticio asoleado en el que trastabillar y asediar un horizonte que se escapa. Con ese andar de ahogos y fallos, no da verdades ni respuestas ni informa de nada: da sed.

Federico Calle Jordá
París, febrero de 2020

y torpemente, medio aturdido,
intentó maquinar algo,
hacer algo, planear alguna cosa,
pero fracasó miserablemente y fue aniquilado.

KONSTANTÍNOS KAVÁFIS

El triunfo de Alejandro de *Gustave Moreau*

En el centro de la composición, rodeado por montañas rotundas, palacios aplastantes, una estatua vertiginosa y un vistoso desfile, el rey Poros, herido y sostenido por sus esclavos, se rinde ante Alejandro. El emperador, desde su trono elevado, acepta la capitulación de su enemigo con apatía.

Una observación más precisa de la obra revela un hecho sorprendente. El pintor comenzó su trabajo situando primero sobre el lienzo los colores, desprovistos de formas y contornos: mera acumulación de manchas yuxtapuestas que apenas representan elementos identificables. Sobre estas nubes cromáticas, el artista tatúa luego figuras con prodigioso detalle. Sin embargo, lo llamativo es que la forma, la fina línea, no coincide nunca completamente con los colores que tiene debajo y que debería encerrar. La figura del palacio no cubre con exactitud el color de la piedra; el perfil de los elefantes no se ajusta a su masa gris. Contorno y contenido no encajan. Hay siempre, entre ellos, un desajuste, un error, una correspondencia fallida. Así, la épica se desvanece en el contacto inexacto entre manchas indistintas y líneas erróneas, formas vacías. El mundo como error del ser, encuentro fallido entre forma y sustancia. La realidad, imagen fragmentaria de su propia ausencia. Palacios ilusorios y fantasmas de elefantes.

I.

Tal vez, en el espacio entre los astros, en el vacío negro sin aire y sin sonido, la poesía, que equivale a la muerte en nuestro mundo sublunar, no necesitaría existir. Tal vez, algún día, la poesía logre morir en paz al abandonar por fin el tiempo. Pero de momento, pálida y carroñera, como una serpiente, nos susurra al oído la extrañeza del mundo.

2.

Cuelgan curiosas guirnaldas de los puentes. Piensas que en las colinas hay casas que no estaban antes. La noche no es oscura del todo, ni el día del todo claro. Sólo queda esta estación gris e insólita. Las calles viejas están vacías, y extrañas guirnaldas cuelgan de los puentes. Aún vuelan las palomas y los cuervos, aún nadan los cisnes y los patos en el río, pero la alameda está desierta. Debería hacer frío, y los cubos de basura están llenos de serpientes. Nada hace ruido, tampoco el viento que sacude las hojas de los árboles. ¿Qué hora es? ¿Qué tiempo es este? Alguien ha desaparecido en las montañas donde ahora hay casas alumbradas. Todo está lejos, y la realidad está cansada. La alameda está desierta y extrañas guirnaldas cuelgan de los puentes. El sol gris ha olvidado moverse, y tú seguirás su curso por él en la alameda desierta en la que debería hacer frío. Y tal vez el animal ansiado esté esperando cerca del próximo puente. ¿Acaso los cadáveres de los ahogados de la tierra vendrán a chocar con el casco de mi barco, arrastrados por la antigua y fatigada marea?

3.

¿Dónde ha ido la ciudad? Supongo que se ha marchado con la eternidad, un sueño más de la Tierra. Pereza y cobardía, crónica crítica, cuerpos sin vida llueven en el mundo (lo anunciaron en la televisión e inmediatamente la población procedió a refugiarse en sus subterráneos). Otra catástrofe natural. Todas las cadenas meteorológicas anunciaron la lluvia de cadáveres y los ciudadanos corrieron a sus refugios, claro, construidos a tales efectos, por supuesto, hay que prever este tipo de catástrofes naturales, qué duda cabe, ante todo privilegiamos la seguridad de la población. Bueno, está bien. Alguien le dijo al gato: "mañana te tengo que comprar comida". Yo dije: "quiero que mi cadáver magullado sea ejemplar", pero mañana me ocupo de eso. Mañana lo diseño todo, tú no te preocupes por nada, eso se verá mañana. Tengo en mi mente la voz y la risa y las sonrisas desesperadas de los antiguos amigos, pero mañana, mañana, que todas las cadenas de televisión están anunciando el temporal. Frentes nubosos seguidos de fuertes precipitaciones a partir de las tres de la tarde en la mitad Este de la península, pero mañana, mañana traeré manzanas y uvas, traeré regalos y manjares para todos los invitados, mañana, ¿por qué mañana? ¿Adónde ha huido la eternidad? No he sabido aprender. Pero mañana. He perdido todo lo que entendí. Pero mañana. Mi historia no se registra en los mitos. No se registra en los mitos, pero la eternidad me ha conocido.

4.

Más al norte, en el polígono industrial abandonado, poblado por los huérfanos furiosos, bajo el pesado cielo gris, un cielo opaco como un texto sagrado. Allí existen los legionarios de polvo, palabras con olor a desván, a ataúd, el encuentro de los cráneos parlanchines, los cuerpos atados a nuestro carro que arrastramos por la tierra mientras damos vueltas a una Troya en la que nunca entraremos – insignificantes y patibularios héroes de la cobardía, héroes de desván y puertas cerradas. No hemos matado al Héctor cuyo cadáver arrastramos en torno a la ciudad. No entraremos en Troya. En la colina, al final del camino, la casa está ardiendo. Yo que saliendo de una cueva vi interminable el desierto, en cuyo centro brillaba aquella torre limpia y una, he sido condenado a la persecución perenne del mismo momento en el tiempo, el momento de milagros por siempre reiterado en la eternidad. La serpiente enroscándose en las patas del león que clava la mirada en el horizonte. Cambia la idea –todo está bien ahora, así que todo está bien para siempre. Recibimos los caprichos del tiempo con los brazos abiertos, el cuerpo del desierto arde bajo el cielo azul, las nubes se han perdido y tal vez nunca existieron. Eso lo entendí en un instante, pero yo sigo dando vueltas a una Troya cerrada y silenciosa, acaso deshabitada, acaso una muralla vacía es esa Troya que ansiamos penetrar.

5.

Mañana vendrá una nueva partida. También el tiempo se apagará entonces. Infantil y agradable pensamiento el del planeta redondo, ya que así nunca nadie podría caerse del mundo. Pero el abismo es uno y yo he temblado en el mundo y he huido de mi tierra. Cuando sonaron las campanas, muchos fueron los sordos, muchos los que no escucharon. La ciudad asediada ardió, poco a poco y con un fuego entrecortado, como en un videojuego, como cuando los aldeanos, fatalmente lentos, no llegaban a tiempo al centro urbano, y perecían tropezándose entre las casas consumidas por llamas pixeladas – y todos lanzaban el mismo grito al morir, ridículos en su tragedia. Así mueren las ciudades, como en un viejo videojuego. Esta locura yo la ignoraba, un caso más de tiempo mal usado, y yo como un espantapájaros sigo dando vueltas vanas a una Troya sordomuda. Pero esta es la ciudad asfixiada. Esta es la ciudad que no respira, asma de las sábanas, asfixia de la página, tos, mail de la Muerte cuyo asunto reza: "IMPORTANTE", todo el cuerpo del poema como un enorme bronquio sibilante. Esta es la ciudad donde nunca nadie calla, esta es la ciudad asediada. Aquí las casas arden, y así muere una ciudad, torpemente, devorada despacio por llamas pixeladas. Y así mueren todos, sucesivos fotogramas de la misma caída, trágica y ridícula, anunciada por el mismo grito. Mi falso imperio es el espacio entre la luciérnaga y la llama, entre la pupila y la pantalla, entre los labios y los labios. Mi falso imperio es el espacio entre la palabra y el silencio. Mi falso imperio es el espacio entre el tiempo.

6.

Dicen que en Troya los días lucen frescos, y que la noche negra es tan clara como la mañana. Dicen que las calles son blancas y las columnas altas, y que la brisa se introduce en las casas de puertas y ventanas abiertas. Hablan de árboles imposibles que crecen en círculos, y de una fuente cuya agua brota en absoluto silencio. Hablan de un único templo en el que el tiempo no pasa, y donde los hombres olvidan sus nombres y desaparecen, y viven para siempre en los árboles y el agua y el sol. Hablan de una única avenida que lleva a un único palacio compuesto por una única sala, cuya extensión es infinita, que alberga un infinito número de estatuas idénticas y anónimas. Hablan de un mirador desde el que se puede contemplar el universo, la formación y muerte de los planetas, las lentas agitaciones silenciosas de las nebulosas, las devoraciones de los agujeros negros y el arder de los soles. Dicen incluso que se puede ver la totalidad de los distintos universos, los mismos astros repetidos una infinidad de veces, que se puede atisbar una infinidad de Troyas, y en cada una de ellas, puedes verte a ti mismo, observándote desde el mismo mirador. Incontables son aquellos a los que esta idea ha llevado a la locura, aunque nunca nadie ha conocido a un troyano. Hemos oído sus historias, hemos leído sus biografías, conocemos sus nombres, pero los que hemos llegado hasta las puertas de Troya solo hemos encontrado el cadáver de Héctor magullado y abandonado frente a la muralla soleada y silenciosa. Y en el rostro triturado de Héctor hemos creído reconocer nuestro propio rostro. Ahora que arrastro su cuerpo alrededor de esta Troya silenciosa, pienso en todas esas leyendas, mientras el sol apenas me permite abrir los ojos. Y ni siquiera es mía la gloria de haber vencido y matado a Héctor, domador de caballos. Mis pies no son ligeros, no soy fecundo en ardides, solo soy aquel que mira en silencio, una tentación especular que sustituye al contacto. No entraremos en Troya. Tal vez he vivido esto ya, y tal vez las extrañas presencias de aquella noche me vigilen aún, en mi silencio, en mi descanso, en mi supuesta caza, en mi andar incesante en el idéntico camino, cuando todos son reyes en sus falsos imperios. El ritmo también nos ha abandonado, y el incesante, sucesivo e idéntico compás ha tomado su lugar.

El infame compás

Regresa

    Siempre

        Idéntico

Pero no, yo no, yo dije

    "No soy humilde"

Lo repito ahora conjurando instintos sospechosos

Saltaré de nuevo al viaje

Y el león, no

El león ya no

El león ya nunca me mira

¡Querido amigo! Estamos perdiendo la partida contra el tiempo, y el ritmo

Es
Cada vez
Más
Débil.

7.

¿He vivido esto ya? El deseo de la ciudad es deseo de regreso. Por siempre pensaré en Troya y arrastraré el cuerpo magullado de Héctor alrededor de sus murallas. El silencio troyano, forma última del poema. El ahorcado no es sino la forma más simple de la muerte. Muerte, rica en nombres y metamorfosis. Solo dos formas existen de resolver el problema del tiempo, siendo una la muerte, en la que no se resuelve, y la otra Troya, en la que tampoco se resuelve. Sin embargo, Troya ejerce sobre el hombre la misma influencia que la Luna sobre la Tierra. Como se ve la Tierra en el horizonte lunar, así el troyano se ve a sí mismo. Quiero contemplarme desde fuera del tiempo. Y desde fuera del tiempo quiero contemplar el mundo – completo y perfecto. Todo lo hecho está por hacer. La debilidad de mis palabras es crónica y, por vez primera y desde siempre, hablo en el vacío. Quise ser en el espacio, pero aprendí acerca de las radiaciones cósmicas. Infame atmósfera, prolongadora de la muerte. Resulta curioso el funeral, pues solo se nos invita para ver los despojos. Solo para ver. Pura ceremonia de la visión, aquí estamos, hemos venido para ver los restos – rito sagrado y vacío de la imagen, venimos para observar una pura forma que ya no es el ser, y que nunca ha sido, ni será, ni contiene la muerte. Vinimos y vimos la pura forma ausente que nada revela, que a nada se refiere, que nada refleja, ni siquiera la ausencia del ser, pura forma desconocida que nunca fue y que no es la muerte, forma nueva y vacía en fuga siempre, forma nueva que huye hacia atrás, hacia lo que había y habrá siempre antes del ser – no es la muerte tampoco. No, nada refleja esta pura forma vacía, esta imagen hueca y extraña. Sin embargo, vinimos a ver. A ver vinimos y la ausencia venció. Solo de los despojos está ausente la muerte. En el cadáver no está la muerte, no. En la ausencia del cadáver ni siquiera está la ausencia, no. Solo en la muerte no está la muerte. Pero vinimos a ver. Qué malentendido tan grave. No está el ser en la forma de la ausencia, y en la forma de la ausencia nunca estuvo la muerte. No está la muerte tampoco en el cuerpo de Polinices, pudriéndose al sol frente a una Tebas cerrada y silenciosa. Ya no habrá Antígona que lo rescate, la forma de Polinices se deshará al sol sin haber entrado en Tebas. No, Polinices, no podemos volver. Saliste de la ciudad y no volverás a entrar. No, Polinices, no podemos volver. Polinices, te inventaste a tu hermana, alucinaste a tu hermano, no hubo guerra, no, solo moriste exhausto frente a una ciudad que te desconocía. No volverás porque nunca fuiste, y el mundo es una invitación a ver. El hacedor de mitos está acariciando las afueras del tiempo, y en el vestíbulo de tu edificio se ha abierto la puerta ignorada de una gruta negra. Pero mañana nos ocuparemos de los planes y los calendarios, mañana, cuando divisemos la ciudad a lo lejos, mañana nos ocuparemos de los horarios y las tareas y el agua y el pan, mañana, hoy la línea no espera y la gruta abierta nos observa con su mirada sin fondo. La imagen ausente chilla en el falso imperio, puesta de sol sin sombras, mar sin reflejos. Estas son las palabras de la sequía. El barrio está azul y en el vestíbulo se ha abierto la puerta ignorada de una cueva que nos observa. Sube a tu casa y mañana pensaremos en el calendario. Sube a tu casa, te espera paciente y dulce la serpiente. Sube a tu casa diminuta en la que apenas cabe la serpiente que te espera enroscada, leal y tierna como un cachorro. Has dejado atrás el vestíbulo con su gruta abierta y negra. Y acaso mañana no pensaremos en el calendario. Mi falso imperio es vertical, indigna torre mosaica que suma un piso nuevo cada día. Vertical como el tiempo que es caída.

Fuera de Troya, frente a su puerta, Helena, erguida entre los restos de los muertos, no tiene rostro. Sin cara su piedra gris, pues ella forma ya parte de la ciudad silenciosa, Helena de piedra, forma hermana del humo del desastre que se escapa. No, Helena no mira los despojos. Helena vuelve su cabeza sin rostro para no ver los despojos carmesís de la carne sin forma. Fuera de la ciudad, Helena es ausencia, aún ahora les niega su rostro a los restos de sangre sin figura – ella es sin embargo forma, como el humo, pero es piedra, como Troya, y priva al amasijo de despojos de su rostro sin figura. Densa Helena, sin rostro y de piedra, que pertenece ya a la ciudad. Y les niega la mirada a los muertos sin forma. Helena de huida, de piedra y sin rostro, se rehúsa a los muertos sin forma a las puertas de la ciudad. Ella pertenece ya a la ciudad, huidiza Helena de piedra, densa Helena con forma. Helena no mira los despojos. Llegamos a las puertas de Troya y encontramos ultrajado el cuerpo de un Héctor al que no habíamos vencido. A las puertas de la ciudad, el muerto desfigurado. Entre los muertos, Helena es ausencia con forma y sin ser.

8.

Terrible malentendido el de la muerte. Malentendido
del miedo, del terror, de imágenes de cráneos y parcas,
de sombra y de mal, pánico de la propia muerte, esfuer-
zo total y erróneo por apartar nuestra muerte de nuestro
pensamiento cotidiano, cuando la muerte nuestra solo
existe en vida, cuando la muerte nuestra nos acompa-
ña siempre. Solo al morir la muerte se ausenta. Cultivar
nuestra muerte, potencia amiga y amable. Cultivar nues-
tra muerte, hospitalaria y sonriente compañera de toda
nuestra vida. Cultivar nuestra muerte antes de que esta se
marche. Cultivar nuestra muerte, amistad incorruptible y
dulce. En cuanto a la mía, yo te invitaré a mi pensamiento,
ya no te repudiaré con miedo y asco, no, no quiero per-
derte al morir, no, te he entendido, no volveré a ignorar-
te ni a rechazarte. Consuélate y dame la mano sin llorar,
seca tus lágrimas de amiga despreciada y sonríe, porque
te he entendido, y hoy tienes mi amistad y mi amor. Te-
rrible malentendido el de la muerte. Conciencia feliz de
la suprema insignificancia: coches cruzando el desierto,
soñada realidad horizontal. El animal, espontáneo y ho-
nesto amigo de la muerte. El alineamiento en un mismo
plano de todos los seres, conectados al centro. Conexión
de todos los seres como una red de pesca que envuelve al
mundo, naturaleza metafórica de la realidad. La serpiente
espera el agua enroscada en tu fregadero. Cuando asomas
la cabeza con timidez ella te mira a los ojos, implorante
y en insistente silencio. La serpiente espera el agua. Yo
espero la sombra y los balcones. Espero la plaza, la ave-
nida y la mirada. Espero el instante perdido, reiterado y
eterno. Toda mi vida converge hacia un solo punto de mi

pasado – y este se repite una y otra vez, es decir una sola vez y para siempre, agotando presente, pasado y futuro en lo eterno. Espero de nuevo el mirador fuera del tiempo. Espero el ser y la forma. Espero la imagen perdida que decreta la muerte de la imaginación.

9.

En rigor, no se debería hablar de "recuerdo" de la infancia. Yo soy esta persona que acaso ahora existe, yo soy este error actual. Nunca fui niño, nunca fue esa mi vida, no fue esa la vida de esta persona, este error actual, así que no son recuerdos, solo fragmentos de una historia ajena alojados en nuestra mente, que acaso compartimos con alguien más. Y qué llamativo resulta llegar a la edad en la que cada rostro te recuerda a otro rostro, pues los rasgos humanos posibles son limitados, y todos los has visto antes, en numerosas combinaciones, sí, pero no infinitas, y todos te recuerdan a alguien, y ya cualquier punto de tu presente funciona anclado a un punto de tu pasado, tu presente se clava en tu pasado como un alpinista, cuestión de supervivencia o cuestión de muerte, todo tu presente busca afianzarse en tu pasado, infame cadena de tiempo invertido, il n'y a que ton visage qui ne connaît point d'écho, il n'y a que ton visage qui a été, est, et sera pur présent, il n'y a que ton visage qui est éternel, il n'y a que ton visage qui est hors du temps, il n'y a que ton visage qui est totalité, forme complète et unifiée, mort et joie ultimes, totalité sans fragments, il n'y a que ton visage d'éternel, mais je ne peux pas encore écrire ton nom, Desnos m'a souvent accompagné, "j'ai tant rêvé de toi que tu perds ta réalité", mais même ainsi je ne le puis, je ne suis pas assez fort pour ce geste, je n'écrirai donc jamais le premier poème, no, nunca escribiré mi primer poema, cela n'a pas raison d'être puisque tu as été, c'est-à-dire que tu es, à jamais, dans le même instant renouvelé sur la plage éternelle, l'esprit y est peut-être, mais je n'ose toujours pas. Ella es imagen y forma, y todo lo demás ha sido y será, en el mejor de los casos, reflejo y fragmento. Pero todavía no. Mañana se levantarán los velos.

10.

Mañana. Este es siempre punto sin retorno. Pero, claro, no ha habido primer poema. Este es mi secreto, que nunca he escrito mi primer poema. Imagino que ves en qué situación nos deja todo esto. Punto sin retorno, falta del primer poema, todo esto no es sino reflejo de algo que no existe – todo, reflejo del no ser. Yo existo solo en función de una ausencia. De ti lo recuerdo todo: desde el miedo a los tiburones o la infección en el oído hasta la fealdad amable de tus padres y tu número de teléfono que ya no conecta con nadie. Tu voz tranquila y tu hablar lento. Todo lo recuerdo, salvo tu rostro. Tú, que eres única forma, en el desgaste de mi mente has perdido tu rostro. No escribí el primer poema, y todo ahora es reflejo de esa ausencia. Todo ahora es en virtud de lo que no fue. Tu rostro se ha borrado, yo existo solo en su ausente reflejo, y tal vez sea porque tu rostro, sin reflejo, es insostenible. Perseo solo vio a Medusa en el reflejo de un escudo. De ti lo recuerdo todo, pero todo no es sino fragmento – y soy incapaz de componer tu rostro. No, no puedo verte ahora. No puedo verte ya. Pero lo intolerable es sin duda saber que podría recordar más, única verdad mía, saber que podría recordar más, definitivo arrepentimiento. No merezco el tiempo, pues podría recordar más. Pero este territorio no admite lenguaje. Los edificios se han vuelto diminutos. La realidad es un decorado ante la forma ciega de tu ausencia. Tú eres la única posibilidad del otro. La única versión verdadera del ti. Único tú en el que no busco mi reflejo.

II.

<… just can't bring that bill to congress, and you know that. The Democrats won't go for it, even most Republicans won't go for it, and on top of that you have the special counsel looking into…>

¿Quién podría acoger enteramente la idea de la noche? La noche, inquieto deseo de la propia ausencia, noche primera, el bulto bajo las sábanas que no te deja dormir, la sospecha en la calle, la luz en la casa, la ventana iluminada, el reflejo invertido de nuestro planeta. La noche es grieta. El día reina en su imperio de formas, pero nadie soportará la grieta de la noche.

<… le fait que l'Ecole Républicaine est une école de l'émancipation, qui ne doit en aucun cas devenir une marchandise pour satisfaire quelques élites politiques. Rappelez-vous les mots de Condorcet quand…>

Existe también la cuestión de la salud, comida, premeditación, deporte, acaso la obcecación por estar en forma responde a la primera y única falta de forma, la forma de tu ausencia, tu recuerdo incompleto, tu rostro sin rasgos. Tanto me importa estar en forma porque debo en mí compensar la ausencia de tu forma en ti, en mí.

<…completamente anticonstitucional. Se ha comunicado pues la resolución del Gobierno a las autoridades competentes, a la espera de…>

Algún día la grieta de la noche escupirá tu libro y tu nombre. De momento busco darme forma para remediar la que tú ya no tienes. Careces de forma, y mi forma debe ser de ambos, mi forma debe ser para ti. Diseño mi forma con angustia porque trato de dártela a ti. Mi vida es por tu ausencia, y acaso mi forma sea el poema primero que no escribí.

<... entamons une époque de profondes transformations que nous ne pourrons accomplir que tous ensemble, chaque citoyen...>

Mi falso imperio, verticalidad insensata. La repugnante regalía del concepto. La desaparición muda de la imagen. Sucesión de la serpiente, contorsión pornográfica, desfile de formas. He engañado y mentido en intento imposible y fatal de agotar la posibilidad de la forma – tal vez para encontrarte. Tanta falsedad en ambición gótica: coleccionar rasgos y unirlos para lograr la forma que olvidé, interminable puzle al que nunca daré vida.

<... que contradicen las últimas cifras de paro. Los líderes de los sindicatos se han pronunciado esta mañana, y han lanzado un llamamiento...>

Mi deseo es absoluto y sin objeto, mi deseo por todos tus avatares es inagotable y errante. Mi deseo sin objeto es un restaurador ciego, un rompecabezas resuelto a oscuras – palpar la forma para construir el sentido. Estoy tocando la forma para crearte. Esta noche creo que digo la verdad. Esta noche digo tu realidad, mi silenciado secreto, mi interior concepto que un día fuiste forma.

<... because these are all the stories they create in order to keep us distracted from the real story...>

12.

Pornografía, sexo, engaño, inmensa llamada hacia ti. Todo consonantes: ausencia inarticulada de una letra − ausencia asfixiante de una vocal, la letra del inicio, ausencia de lo posible. Soy lenguaje sin respiración. Soy lenguaje sin posibilidad. Soy contemplación inquieta de la grieta. Solo la ausencia es inagotable. Trato de agotar la forma. No puedo agotar tu ausencia. Yo observo la grieta de la noche. Un día escupirá tu libro y tu nombre. Sonará la voz cuando toque el agua del lago quieto y remoto. Lago quieto de fondo ignorado, columna del mundo. Nous procédons par dispersion des êtres, indubitablement nuancés, bien sûr, comment sinon approcher le vertige? Errante vértigo bienvenido, despegue imposible, suena el eco en la montaña repitiendo el primer canto. Estoy tocando las palabras para relevar al eco. Cada voz perdida es relevo del eco primero, testigo estéril de la plegaria perpetua, pero ¿he visto el lago secreto? ¿Lo he imaginado? Importa poco, he oído el eco en la montaña y algo ha ofrecido el relevo. No hay eco en la montaña, no, hay voces sucesivas buscando el lago que vive en una tarde perpetua. La voz de los seres perdidos de la montaña se ha disuelto al tocar el agua. ¿Qué marca dejaría una voz en el agua? Pero el lago no entiende de palabras. Todo solo puede estar sin acabar. Tan importante como la piedra en el lago es la jaula vacía. A menudo hasta la ausencia huye, como huyó el instante reiterado por siempre. La piedra en el lago y la jaula vacía. Una Troya en la que no entraremos. La ausencia de la ausencia. Entonces, dije: "todo está bien ahora, así que todo está bien para siempre; el tiempo no existe; yo no existe; yo soy tú y yo soy todo, todo es uno, que no es nada", etc. Hoy, quiero decir: si el tiempo no existe, aún estoy contigo; si todo es uno, aún estoy contigo; si todo es nada, yo me uno en felicidad silenciosa con tu falta de forma, por mi falta de forma, en la forma, y todavía estoy contigo. Si todo está bien ahora, es porque estoy y estuve y estaré en esa playa soleada y solitaria, en ese mar tuyo, contigo, y todo está bien para siempre. Estoy construyendo el mundo, gran cometido condenado al fracaso. Estoy ordenando el cosmos, incapaz de darte forma. Estoy cambiando la cartografía de mi mente, incapaz de escribir tu nombre.

13.

Pero es que esta voz es vieja como la humanidad. Esta voz es antigua, y acaba de nacer, y solo conoce el alarido y el silencio. Esta voz es infantil: la voz del que no habla. Construir el mundo es un cometido infantil. Pasé una tarde contigo en esa playa de ese mar tuyo y no fui capaz de pronunciar una palabra. Pasé un mundo en silencio. Vivencia infantil, tocar el ser suprime la palabra. El ser es este silencio completo, como la mudez del universo. Tal vez el sonido de los astros, censurado al hombre, sea el único poema. El silencio de quien toca el ser es el silencio infantil del universo. El niño lo sabe, y es el silencio, es este silencio lo que nos ata a todo. Y la voz como grito ha nacido del silencio, y la voz como silencio ha nacido del silencio. Nunca escribí el primer poema. Supuse tu existencia como algo obvio. Te cubrías el rostro en la playa para protegerte del sol, y hoy solo recuerdo tu rostro cubierto. Esa tarde escondiste tu rostro, y yo lo perdí para siempre. Recuerdo los almuerzos que no podía comer porque en mí solo cabía tu imagen. Tampoco ahora tu imagen incompleta ha dejado de ser invitación sonámbula a la muerte. Mi vida es aliteración de tu nombre. Cada uno de mis encuentros ha llevado un fragmento de tu nombre, como un sucedáneo falsificado. Nunca te he creado, ni en nombre ni en forma en mi mente. Ese hostal fue el centro y origen de la creación, síntesis y núcleo deslumbrante del cosmos, falla de lo real, o tal vez único lugar real, ese hostal hoy demolido era el único lugar del mundo. Derruyeron el hostal y derruyeron la realidad. Como tú, el hostal no es ya forma sino recuerdo. Así que llevo todos mis años dándome forma para dártela a ti. Mi forma debe ser un lugar en el que puedas vivir. A ti, que careces de forma, quiero ofrecerte la mía. Quiero en mi forma precisa regalarte un hogar. Mi vida es espejo, reflejo de una ausencia. Entonces, no querías sumergir la cabeza en el mar. Hoy soy ser submarino de visión nublada, ciego pez del abismo. También mi cuerpo es himno de la ausencia.

14.

En el edificio nocturno hay una ventana, iluminada por un astro interno, pieza vacía habitada solo por una pequeña estrella luminosa, cuerpo celeste diminuto en el edificio que, en su silencio, sentencia nuestra insignificancia. Signo primero, astro en la ventana abierta, estoy tratando de escucharte, estoy tratando de entender tu idioma, forma original del ser, solitario en el universo. Astro solo, signo obtuso. Como tú, todo ha terminado. En tu fantasma sin rostro perdí mis mejores años, o mis mejores años dediqué a tu fantasma sin rostro. Mi vida, involuntaria obra gestada para ti, parásito de un recuerdo. Tú has sido mito mío, pero mito terrestre y conocido. Y nunca te he tocado. Y has sido también, y tan temprano, imagen respirante de la muerte. Y nunca te he tocado. Soy ciego pez del abismo. Cuando suba la marea, tal vez te encuentres conmigo. Quiero que tu sangre sea mi sangre. Quiero darte mi cuerpo para que le pongas tu nombre. Hoy soy ciego pez del abismo. No creo ya en lo que creí entender entre ramas y callejones. La noche velada se enciende como una pantalla. Regresaremos siempre a la noche naranja, la noche humana, la noche inteligible de oscuridad domesticada. De lo que no es el mundo nada nos queda – el esquema, la trama, la función con fin se ha levantado en sistema absoluto. La pena pertenece a las cosas invisibles. No hay más que mundo, y el agua será bebida. Y la tierra será camino. Solo el mundo y nada más. Y la palabra será cartografía y coordenadas. La palabra será bebida y camino. Solo el mundo. No entraremos en Troya. No os equivoquéis: pedisteis el mundo y os lo dieron. Existid ahora en sus embargos. Yo, ciego pez del abismo, nunca quise el mundo. Me queda buscar a tientas la grieta de la noche. Tocar no los astros sino su imagen. A ti te queda tal vez el margen inconexo. Dije: la realidad está cansada. Cada cosa trae su punto justo de extrañeza. 1200 A.C. 1200 A.C. 1200 A.C. 2017 1200 A.C. La lanza en el pecho. La esquirla en la mente. 1200 A.C. El principio de la historia propiamente humana. 1200 A.C. 2002 1200 A.C. Antes, el mito. 1200 A.C. La ciudad humeante. 2017. La casa en llamas. 1200 A.C. 2002 2003 2004 2005 2006 2007 2017. Antes, el mito. Ahora, el principio de la historia propiamente humana.

feroz esa locura inmerecida
que trajo aquella noche a nuestra casa,
veraz aquella grieta que rebasa
la noche en nuestra casa recibida.

CambiÓ nuestra ∀lianza ya perdida,
ausencia de paⅬabra siempre escas∀,
habló con el gu§ano en la cArcasa,
sə hundió por nUestra grieta siN salida.

Ⅼa ca$a se qu∃mó $in un sOniδo.
Lª nOche qve ªnt€s fᴗe n€gra Y estoi©a
∀rδiÓ δ∃səsp€radA entr∃ aⅬarIdo$.
ɲar@nJa Nu€vª nOche p∀®anÖicª,
€scUp∃s əsə ᴛiem¶o ⼕on⼕luidº,
fin∀l δ∃l otrO ᴛiem¶o, vºz h∃rOic∀

>Nada de esto es cierto.

>>Estoy ensayando el salto.

>>>He concluido la esperanza del destierro.

>>>>Un hombre camina cerca de la carretera. Una mujer se ha sentado en la montaña. La casa tal vez existe, allí, en la colina.

>>>>>Se ha desmantelado el cuadro antiguo. El marco se fue y las figuras se funden.

>>>>>>Estoy ensayando la caída.

>>>>>>>Estoy degustando lo idéntico.

>>>>>>>>El sendero sumergido no tiene el sabor de los encuentros.

//The MYTHMAKER has been relieved of his duties. We apologize for any INCONVENIENCE. Remember to purchase our special CHRISTMAS PACK, now with 50% off all hermeneutic articles, available ONLY until January 1st!//

//La circulation du poème est fortement perturbée dans les deux sens suite à un [malaise de voyageur]. Adressez-vous à nos agents pour [emprunter des itinéraires alternatifs.]//

La noche
La grieta
El pez
Juego / retórica
} Poema (?)

Presente + Memoria ≈ Grieta
Grieta - Tacto = Poema (?)
Grieta - Noche = X
X + poema = X
X - poema = X
X + poema × noche = Poema (?)

Hermenéutica
Estilo
Propedéutica
Calendario
Metáfora
Modernidad (¿conciencia de?)
Memoria
Presente
Tiempo
Ontología
Ritmo
Herencia
Sincronía
Hipótesis
Estructura
Gusto
Orden
Trabajo / esfuerzo
} Azar (¿Elementos de sentido?)

=> Indistinción, confusión (¿cómo ganarse la vida?)
[REINICIANDO. POR FAVOR, ESPERE]

15.

1200 A.C. El sabor del mundo. No estuve en ninguno de los lugares en los que se me esperaba. Nunca entré en Troya. Todo el mundo está atrapado en la forma. Llévame ahora al reino líquido. El tiempo mitológico como preámbulo a nuestra historia. Conquista moderna: el mundo como única finalidad del discurso. El mundo como finalidad última del poema. Así que el perro que ladra hoy aquí es el mismo que el que ladró hace años allí (J.R.J.), pero nuestro tiempo es distinto, acaso otra época, a menos que todas las épocas sean una sola época, o que el mundo naciera ayer y todos nuestros recuerdos sean falsos. Este tiempo es distinto. El león de bronce abre sus fauces, y dentro, lejos, hay una casa con jardín en la que vive feliz una mujer sin rostro, recogiendo flores y poniéndolas en el marco de una ventana por la que se adivina la silueta de un niño en un salón luminoso con cuadros y flores. Y alrededor de la casa, una pradera, y en la pradera un camino que lleva aún más lejos, hacia las montañas, donde tal vez existe un pueblo. Debajo de la noche hay un puente. En mi vida otra compuse tres versos que no recuerdo. Debajo de la noche hay un puente, y debajo del agua, las esferas. Siempre hacia el abismo. No debe repetirse el circuito alrededor de la ciudad. No debe repetirse la vuelta, el caleidoscopio de carne, la órbita chirriante. No debe repetirse el trayecto. Ya solo modelo con la memoria – libérame del sentido y devuélveme el tacto de las palabras. Tu forma está en el tacto de los idiomas desconocidos. Mi memoria no es mundo por la palabra comprendida. He perdido el sonido comestible y denso de la lengua desconocida. El sentido vacía el mundo. La sustancia de las palabras sin sentido me impedía comer, por estar lleno de tu nombre y tu forma.

16.

Él nada de noche en el mar primero. Tiburones sin memoria rozan sus pies, y en la oscuridad siente a veces en su piel el contacto fugaz de formas frías. Y lejos, muy lejos bajo su cuerpo desnudo y solo, en las últimas profundidades de lo oscuro, más allá incluso de los peces ciegos, acaso duerme el leviatán del mundo. Él nada de noche en el mar primero, y acaso se resuelva a sumergir la cabeza en el agua negra y poblada. Tu ne voulais pas plonger la tête. Ta sagesse était la sagesse des siècles. Tu sabiduría era la sabiduría de los siglos. Ahora soy ciego pez del abismo, y mi cuerpo húmedo ni siquiera siente ya el frío. No hay penitencia ni virtud en el abismo. Pero en él, a ciegas, estoy tocando la forma. Permaneceremos pues frente a la puerta en la llanura soleada, entre los muros de la ciudad y el lugar donde abundan las serpientes. He perdido el derecho a diseñar mi cadáver. De pie en la masa indistinta de sangre, carne y huesos, también yo perderé mi forma. Ya nada está entero. J'en ai vu, des mirages. En premier, le héros, el yo-héroe, primer espejismo que nos hizo creer que debíamos ordenar el caos, hoy surge a la luz el yo-serpiente en el abismo. No traigo remedio al caos, yo, aquí, en el océano negro. Con las demás bestias. En lo que carece de límites. En lo que carece de forma. No anhelamos Troya, envidiamos sus muros. La arquitectura definida de sus palacios en el cielo. El arco de sus ventanas y la precisión de sus pasillos. Sus galerías vacías y exactas. Fuera, la masa tibia de carne y sangre de los muertos. Tu rostro está en el rostro mutilado de Héctor. En la ciudad, la mujer sin rostro. Fuera, el héroe desfigurado. La memoria y el ser. Hemos distinguido figuras en el cielo, pero mañana habrán cambiado de sitio las estrellas. Solo importa levantar la ciudad. Solo importa dibujar el contorno. Dibuja nítido y preciso tu contorno para existir en el espacio. Dibuja nítido y preciso el contorno del sueño. Solo hasta sus muros llega Troya. Estoy haciendo mi forma para nacer.

17.

Troya. El lugar y la hora. Un destino imaginado, susurrado en sueños compartidos. Caigo como caen todos, y en mi caída imagino que compongo los cantos más tristes, ceñidos a la magia estricta de un contorno perdido. Solo sé hablarte de pérdida, y hoy añado otra falsa salida a mi historial, otra falsa salida con rumbo a un podio de espectros. En el horizonte soleado, la ciudad no se ha movido. Se anuncia la falsa salida y los caballos dan marcha atrás, mansos y resignados bajo sus idénticos jinetes. En el horizonte soleado, una ciudad no es más que un firmamento, un encuentro de constelaciones, de puntos arbitrarios unidos por la esperanza, el deseo, la mansedumbre. Acaso la pereza y la cobardía. Cuando te acercas al firmamento, desaparecen las figuras. El firmamento: nuestra firma en el cielo. Y así, el cielo como un papel por nosotros firmado, el único que no podemos tocar. Una firma, nuestro nombre deformado para que se nos parezca más. Deformamos el cielo para darle forma. Para darle nuestra forma. Deformamos el horizonte para que nazca la ciudad. Estoy tocando mi forma para nacer. Esto es, para firmarme en el cielo.

Nazco en el centro, me crío en el cerro
Te cuento lo que quieras, si lo pides te miento
Mi vida en un templo, mi muerte en el metro
Con mi firma en tus manos para que puedas verlo

Vuelvo a hacerlo, tu forma la invento
Tú no tienes contorno ni voz en mi recuerdo.
Me invento un silencio, lo escribo en el cielo,
Diseño el horizonte como mi firmamento

Faux départ

18.

He cambiado las horas por la carne, porque la hora es la madre de la oración, y las oraciones nacen de las manos igual que el tiempo. He cambiado la idea por el hueso, por la vértebra y la articulación, verdadero meollo del discurso. Lo que cambia su curso, como la carne sobre mis huesos articulados. He cambiado la voluntad por la sangre, porque la sangre discurre sola en la inevitabilidad de las venas, como las horas. Esta sangre nuestra que es reloj y ritmo, esta sangre nuestra matemática cuya mayor virtud es la contención. Esta sangre nuestra derramada, el color tan vivo de la muerte. Esta sangre nuestra que es ritmo y reloj y que, escrupulosa, marca el discurrir de las horas que es el trabajo de la oración. Cada oración como un dedo, articulado y cambiante. Cada oración como el lugar en el que nace. Y cada oración escrita, en el mismo escribir deformada, para que se nos parezca más. O que se parezca más a los dedos que la escriben. También Troya es una oración, puesto que está en el horizonte, y el horizonte es el lugar donde orillan las horas. Las horas, infinita extensión horizontal.

19.

Cuando se anuncia la falsa salida y los jinetes dan marcha atrás sobre sus caballos apenados, el mundo se fractura. La línea recta vislumbrada, desde los ojos hasta los dedos, y desde los dedos hasta la meta, se rompe. Y con ella se rompe cada castillo y cada imperio, cada futuro y cada oración, pues todo recorrido es una oración articulada en claros y valles, en bosques y montes, en mar y cemento. La falsa salida, una oración bisectriz que en el blanco plano se desvanece. El blanco plano, una dimensión irreal en la que asentamos los cimientos de la realidad. Y Troya, otra recta infinita, otra oración rozada por nuestro aliento asintótico que se desvanece como se desvanecen los muertos de la guerra, como pierden su forma los cuerpos mutilados de los aqueos que cayeron frente a sus muros, intentando tocarlos. Solo hasta sus muros llega Troya. Solo hasta sus muros llega Troya, y solo hasta mi piel llego yo, hasta esta piel con la que toco la forma soñando un contorno, mi firma en el horizonte, y tu firma en mi forma para que al dármela pueda parecerme más a ti, o pueda darte cobijo, techo, la forma que no tienes. Estoy tocando la forma para crearte. He dicho: la forma que no tienes. Mejor sería decir la forma que ya no tienes, puesto que tienes otra, supongo, que yo no conozco, del otro lado del muro, en la ciudad desierta.

20.

(The compass)

Brújula, en inglés, se dice *compass*. La brújula, el compás. Lo que nos orienta y nos guía como instrumento que mide y que crea, que dibuja nítido el perfecto contorno de un círculo, un círculo como la brújula en la que oscilan las temblorosas agujas de la oración, ceñidas a la magia de su límite circular. Digo a la magia porque, en esta lengua nuestra, en "brújula" oímos también la palabra "bruja". Aquello que nos guía, el magnetismo de la oración que sueña con un norte inalcanzable, es siempre, solo puede ser, cosa de magia o de hechicería. La brújula como compás. También es el otro compás, el musical, el primo bastardo del ritmo. El compás que seguimos como seguimos la punta de la aguja en la brújula, como el compás que sigue nuestro corazón o el que marcan nuestros pies que avanzan guiados por el círculo limpio de la oración. La navegación, una frágil magia circular y rítmica.

21.

Como el movimiento de los astros o el cantar de las sirenas, como la música de la atmósfera y de los cuerpos celestes, así. Y en el firmamento nos guían figuras que avistamos siempre en el mismo lugar, y que nos explican adónde ir, porque las vemos, quietas, allí donde estuvieron ayer y donde seguirán mañana. Y, sin embargo, las estrellas que forman estas figuras se desplazan. También ellas viajan sin cesar en el vacío negro entre los astros. ¿De qué figura, vista por otros ojos, forma parte nuestro planeta? ¿Qué ser de otro mundo usa nuestra Tierra viajera para navegar? Navegación. Agujas en un charco que nos orientan en un océano. Orientarse: volverse hacia el Oriente, acaso volverse Oriente, devenir el lugar donde emerge el Sol. Y al mismo tiempo nos orientamos en función del norte, y estar desorientado, sin oriente, es perder el norte. Pesadas coordenadas magnéticas, leyes universales de gravitación, el movimiento perpetuo de las cosas y la ciudad, que recula en el horizonte. Y nosotros, tan bípedos y erguidos, tan verticales frente al horizonte, tan irremediablemente verticales frente a nuestros sueños horizontales, formamos uno de los ejes de la cruz de nuestra desdicha. Y así, verticales frente al horizonte, es como debemos navegar. Verticales al menos como el Sol, eso sí, pero no circulares como él, sin posibilidad de abordar de repente el horizonte en nuestra caída. Y acaso, al caer, al desplomarnos, abrazamos el horizonte de otro, pero nunca el nuestro. La paradoja definitiva de Troya: viva verticalidad insensata en el horizonte.

Como el mar, como las olas, como el reino y su torre
Como el mapa, como el canto, y el tambor en redoble
Caigo alto, vuelo bajo, vendo estrellas, compro el doble
Cien en mano, te las lanzo, llueven sobre el horizonte

Tú me ves en mi lugar, en plano cenital
Canto penas en la arena, dimensión circular
Orientado, desnortado, otra forma estelar
Denostado y agotado en precisión vertical

Faux départ

22.

Cuando hablamos del espacio, hablamos en verdad del tiempo. Esto es ya bien sabido. No podemos pensar el tiempo sin espacializarlo. Las más altas dunas, duras como montañas, cambian de forma con el viento, se desplazan, avanzan y retroceden como las olas. Mi cuerpo, con su forma cambiante, debe ser un espacio habitable, un hogar para ti, que no tienes forma, y yo hago la mía para dártela a ti. Hacer lo que sea preciso. Esto significa: hacer lo necesario, incluso lo imposible, para cumplir un fin, pero también trazar con exactitud y nitidez el contorno de la acción. Obviamente, es lo mismo. La navegación, práctica perenne de la precisión. También lo que es preciso es lo indispensable. Entonces, es preciso navegar como es precisa la cartografía. Dibujar con exactitud el contorno del mundo. Ese arte plano de lo vertical. El desgarro constante de lo mismo en el fango de lo soñado, ese mismo fango con el que se construyen torres y castillos que caen con la lluvia. Y la lluvia, presentimiento de la losa, anuncio de la lápida. Me tumbo sobre la tierra para tocar la Troya de otro, de algún desconocido que, a su vez, se acuesta en el horizonte de otro, otro otro, más allá, y vuelta a empezar. Circularidad vertiginosa de la insensatez. Como un cabo atado al cielo indeciso, la mano, el clavo ardiendo, lo bien sabido, un sinfín de etcéteras en el ámbito del desconcierto.

23.

Avezado en las estrategias de la soledad, un árbol solo y antiguo se yergue en un campo de maíz como un sol aplastado. Las raíces, torcidas y poderosas, se extienden a los lados en contorsión invisible, escondidas como un secreto tentacular y vergonzoso, para mostrar solo una verticalidad augusta y venerable. Mi falso imperio, conocedor de astucias culpables. Como un árbol centenario en un campo de luz aplastada, o como un molino eólico con sus astas kilométricas y su
ZOOM

      ZOOM

           ZOOM

                ZOOM

que rompen el aire con el compás total de un mal augurio más exacto que cualquier tormenta. Siempre el
ZOOM

      ZOOM

           ZOOM

                ZOOM

en primer plano sonoro, la exactitud metódica de alguna catástrofe. Porque solo las catástrofes contienen la exactitud. Solo la tormenta con su rayo es dios deseado y deseante, puesto que el cielo en calma, si es un dios, es uno saciado y satisfecho.

24.

Orientación. Orientarse es poner el alma en el Este, en busca de un sol creciente que, en su irremediable trayectoria, nos pasa de largo y nos deja atrás, huidizo, se nos escurre entre los dedos o entre los ojos. Y entonces necesitamos nueva orientación, un nuevo oriente al perder el norte, un nuevo capricho cardinal que nos libere del horizonte cárdeno que se extiende a nuestras espaldas como un amplio concilio de crímenes secretos. Orientación, navegación. Elegir nuestros pasos en la tierra descifrando el cielo. La creación en nuestra mente de un hilo tenso que, a punto de romperse, una la horizontalidad del cielo a la horizontalidad de la tierra. Dos planos unidos por la extensión de nuestro cuerpo vertical, como una corona antigua convertida en celda, o como un viento vertical desde nuestros pies hasta el cielo, desde nuestra cabeza al núcleo de la tierra, y más allá. Cada cuerpo, cada mente, cada ansia, cada deseo, cada sueño, cada rabia, reseñable con precisión en un cruce de latitud y longitud. Y así, cada sueño, ansia, deseo, rabia, en el centro de una cruz. Cada uno de nosotros resumido en una posición medida en grados, cada uno de nosotros participando con nuestro cuerpo en una de las incontables e invisibles figuras geométricas, perfectas, que cubren la superficie de la Tierra. Antes, mucho antes, yo dije: "La Tierra sueña para ti". Arrogancia juvenil. Hoy, diría: cada uno de nosotros, un átomo en movimiento del sueño constante de la Tierra, único y completo. Y yo, mi cuerpo, envidiando la perfección de la línea del mar en el horizonte. Cada uno de nosotros, ángulo en constante movimiento de alguna figura geométrica insospechada, tal vez imposible, un agente del constante cambio de las joyas de la Tierra.

La luna se levanta rauda entre los olivos
La torre canta sola entre sus sueños esquivos
Avezada, coronada, de contorno preciso
Sueña perfecciones que el ojo nunca ha visto

Las estrellas sobre ella crean formas fugaces
Que el sol siempre destruye, mas mañana renacen
Firmamento sobre torre, la coronan deidades
Mi firma está en el cielo para que no me abraces

Faux départ

25.

Bajo la línea perfecta del mar en el horizonte se mueven en la oscuridad seres antiguos, fríos y escurridizos al tacto, mudos en sus tinieblas líquidas. Se mueven estos seres en cualquier dirección, desplazándose en entendimiento perfecto con su atmósfera, mucho menos cruel para ellos que para nosotros la nuestra. Nada más conforme a los designios de un destino soñado que la ciega criatura fría de las profundidades. Ciego pez del abismo de contorno exacto, cortas tu ámbito líquido en un gesto de amor íntimo. Y tal vez en ese mundo exista, en las más negras profundidades, un dios antiguo y dormido cuya pesada respiración dicte el ritmo del mundo. Pero no es ese nuestro mundo.

26.

Enmedio del campo luminoso se yergue un árbol sin frutos, avezado en las estrategias de la soledad. Un árbol sin hojas en verano, seco pero vivo. Un error del tiempo con ramas desnudas como una triste y mínima corona. El rey estéril de un campo de luz. Y su voz, su habla de dentro, sueña con su reflejo e inventa historias sobre su vida en el fondo del mar, erguido entre algas y corales y visitado por peces ciegos en el abismo negro y frío. Sueña con bancos de peces jugando en sus ramas desnudas, y con cangrejos que forman su hogar en los huecos de su corteza como húmedas llagas. Y tal vez, algún día, las algas del suelo se le encaramen como enredaderas del abismo, cumpliendo sus sueños de altura, y regalándole un manto de amor y de gloria.

27.

Mi ámbito humano es una llaga en el cielo. Una llaga del revés que desde las alturas nos observa con su carne rosada entre montículos blancos de piel levantada y purulenta como un ojo enfermo. En el cielo, la llaga revela un relieve. Si pudieras tocarla alzando la mano, acariciando la superficie celeste y lisa, sentirías primero sobre tus dedos los montículos blandos e irregulares, flexibles bajo la presión de tu yema, y luego el cráter caliente y liso, que se agitaría un instante con sorpresa y escozor. Una llaga en el cielo como un reflejo de Troya, con la piel levantada y abultada jugando a ser muralla. Y en el centro de la herida, la piel rosa y enferma que nos observa desde arriba, que nos observa como Troya nos ignora y nos olvida. Porque, a fin de cuentas, qué es Troya sino una llaga en el horizonte.

28.

La exactitud, la perfección, la precisión del contorno. El cuerpo preciso y perfecto. Solo quiero diseñar mi cadáver. Que mi cuerpo magullado sea ejemplar. Mi cuerpo solo, animal desconfiado y arisco, olfatea buscando la perfección y es alérgico a todo. Mi cuerpo se asfixia en la realidad por inexacta, mancillada, portadora de imperfecciones escondidas con vergüenza o expuestas de forma obscena. Mi cuerpo, avezado en las estrategias de la soledad, se sueña a sí mismo. Y, soñándose, se perfila preciso y se pudre con el mismo gesto. Y, soñándose, se ahoga y se muere en la noche horizontal, revive y ansía en el día vertical, siempre más vertical, se sueña en una verticalidad insensata. Mi falso imperio. Una torre soñada, precisa y exacta, con la piedra tallada en exactitud imposible, con líneas perfectas y un contorno inmune a la inmediatez de la agresión y al trabajo lento y riguroso de los elementos. Bajo la lluvia y el viento entregados de los siglos, la torre se mantiene indemne. No cambia y, avezada en las estrategias de la soledad, sueña con su reflejo. Y el tiempo pasa, y la torre sueña, olvidadiza y distraída, y un día dejará de soñar, se apagará su consciencia y quedará solo su contorno preciso que admirarán los paseantes, vana liturgia de la visión. Pero, de momento, la torre permanece, y sueña con su reflejo mientras piensa en salvarse. Y sueña con los escombros porque cree que tal vez debería ser eso, escombros caídos y dispuestos en un plano, en perfecta horizontalidad sobre el campo que brilla como un sol aplastado. Ansia inconfesable de la bidimensionalidad. La liberación del escombro. Porque, en su sed de exactitud, la torre abandonada envidia lo mellado.

Este libro se terminó de imprimir
en abril de 2025

RIL® editores • España

europa@rileditores.com

Se utilizó tecnología de última generación que reduce
el impacto medioambiental, pues ocupa estrictamente el
papel necesario para su producción, y se aplicaron altos
estándares para la gestión y reciclaje de desechos en
toda la cadena de producción.